5 Mars 1883.

P

VENTE DES LUNDI 5 A MARDI 6 MARS 1883

Hôtel Drouot, Salle n° 1

TABLEAUX & PASTELS

DEUX TRÈS BEAUX PORTRAITS

PEINTS PAR

FRANÇOIS-HUBERT

DROUAIS

signés et datés 1761

OBJETS D'ART & DE CURIOSITÉ

Porcelaines de Saxe, de Sèvres, de Chine et du Japon, Faïences, Verrerie, Bijoux

MEUBLES, BRONZES

TRÈS BELLE BIBLIOTHÈQUE DE BOULE

Jolie Statuette de Louis XIV en bronze repoussé

TAPISSERIES ANCIENNES & ÉTOFFES

COMPOSANT LA

COLLECTION de M. NADAULT de BUFFON

EXPOSITION PUBLIQUE

LE DIMANCHE 4 MARS

de 1 heure à 5 heures.

COMMISSAIRE-PRISEUR	EXPERT
Mᵉ Henri LECHAT	Mᵉ Henri PILLET
6, rue Baudin (Square Montholon)	182, Faubourg Poissonnière.

CATALOGUE

DES

TABLEAUX & PASTELS

PARMI LESQUELS

DEUX TRÈS BEAUX PORTRAITS

PEINTS PAR

FRANÇOIS-HUBERT

DROUAIS

signés et datés 1761

OBJETS D'ART & DE CURIOSITÉ

Porcelaines de Saxe, de Sèvres, de Chine et du Japon, Faïences, Verrerie, Bijoux

MEUBLES, BRONZES

TRÈS BELLE BIBLIOTHÈQUE DE BOULE

Jolie Statuette de Louis XIV en bronze repoussé

TAPISSERIES ANCIENNES

ÉTOFFES

COMPOSANT LA

COLLECTION DE M. NADAULT DE BUFFON

DONT LA VENTE AURA LIEU

HOTEL DROUOT, SALLE N° 1

les Lundi 5 et Mardi 6 Mars 1883.

Par le ministère de **Me Henri LECHAT**, Commissaire-Priseur,
6, rue Baudin (Square Montholon),
Assisté de **M. Henri PILLET**, Expert,
183, Faubourg Poissonnière,
CHEZ LESQUELS SE TROUVE LE CATALOGUE.

EXPOSITION PUBLIQUE

LE DIMANCHE 4 MARS, de 1 heure à 5 heures.

Imprimerie de la Société des *Sauveteurs Bretons*. — Dinan : J. BAZOUGE, impr.

DÉSIGNATION

Tableaux, Pastels, Dessins.

TABLEAUX.

DROUAIS (François-Hubert)
1727-1775, Paris.

1. — **Portrait du comte de Buffon,** vu de face et debout, cheveux poudrés, costume de cour en velours rouge, orné de broderies d'or, jabot et manchettes de dentelles, le chapeau sous le bras, l'épée au côté.

14.300— Bourgeois

Peint en 1761. — Seul portrait authentique de l'illustre naturaliste. Diderot en fait l'éloge dans ses *Salons du XVIIIe Siècle.*

DROUAIS.

2. — **Portrait de la comtesse de Buffon,** première femme du naturaliste. — Elle est vue de face ; ses cheveux poudrés à blanc sont ramenés sur la tête ; un bouquet de fleurs naturelles est placé sur le côté gauche de la tête. Sa robe fond jaune, pointillée

15,600—

d'or, est bordée de fourrures, et laisse voir un cou délicat, orné d'un collier de grosses perles. La fraîcheur du visage et la vivacité du regard animent ce charmant portrait de femme.

Peint en 1761. — Diderot a donné dans ses *Salons* une intéressante appréciation de cette jolie peinture.

TÉNIERS (DAVID) LE VIEUX. — 1582-1649.

3 et 4. — **Deux petits Panneaux** se faisant pendants.

L'Avare.
Le Buveur.

BOURGUIGNON (JACQUES COURTOIS, dit le) 1621-1676.

5 et 6. — **Batailles.** — Quatre petites esquisses sur cuivre.

ECOLE FRANÇAISE.

7. — **Le Gardeur de Moutons,** panneau.

ECOLE ITALIENNE.

8 et 9. — **Bouquets de Fleurs dans un vase,** deux petits panneaux sur fond or.

INCONNU.

10. — **Vénus Anadyomède.**

Provient du cabinet du marquis de la Chataigneraie, prince de Pont.

PASTELS.

ECOLE FRANÇAISE.

11. — **Portrait de Jeune Femme** vue de trois quarts. Elle est poudrée à blanc, avec une fleur dans les cheveux ; vêtue d'un riche costume du temps, elle a le bras nu, tient un œillet et sourit.

ECOLE FRANÇAISE

12. — **Portrait de Jeune Femme** lisant. Elle est poudrée à blanc, vêtue d'un élégant costume du temps ; elle abaisse les yeux sur un cahier de musique qu'elle tient à la main.

Ce pastel est de la même dimension que le premier et lui fait pendant.

ECOLE FRANÇAISE.

13. — **Portrait de Madame Louise d'Orléans**, duchesse de Montpensier (la grande *Mademoiselle*), vue de face, avec des rubans bleus dans sa chevelure poudrée ; elle porte une robe de satin blanc décolletée, garnie au haut du corsage d'une guirlande de roses ; sur les épaules un manteau de soie bleue. De ses deux mains elle tresse une couronne.

Très bon pastel, conservation parfaite.

ECOLE FRANÇAISE.

14. — **Portrait de Jeune Femme.** Vue presque de face. Elle porte un chapeau de paille garni de fleurs.

—

DESSINS.

—

GREUZE. — 1726-1805.

15. — **Tête de Jeune Fille**, dessin fait par Greuze dans le cabinet de Benjamin Edme Nadault de Buffon, conseiller au Parlement de Bourgogne, son protecteur.

GREUZE (attribué à).

16. — **Portrait de Madame la princesse de Lamballe.** Charmant dessin aux deux crayons.

Porcelaines de Saxe, de Sèvres et autres.

—

17. — **Service à déjeuner** en porcelaine de Saxe, décoré de médaillons, d'oiseaux, de guirlandes de fleurs, et de nœuds violets et dorés s'entrelaçant.

Il se compose d'un plateau à anse, cafetière, pot à lait, sucrier, deux tasses et leurs soucoupes.

Don de Marie-Antoinette à Buffon.

18 et 19. — **Deux grands et beaux Plats** en ancienne porcelaine de Saxe, portant au centre des cygnes et des flamants en relief, et au marli des insectes en couleur.

Offerts par Frédéric II à Buffon.

20 et 21. — **Deux belles et grandes Bouteilles**, en ancienne porcelaine de Saxe, décorées de bouquets, de feuillages, de fleurettes et d'oiseaux en couleur et en relief.

Don de Marie-Antoinette à Buffon.

22. — **Pot à eau** et sa **Cuvette**, en ancienne porcelaine de Sèvres, à décor de fleurs et fleurettes, ornés sur les bords de filets or.

23. — **Petit Carlin** posé sur un coussin, en ancienne porcelaine de Saxe.

Don de la marquise de Pompadour à Buffon.

24. — **Joli Compotier** à couvercle, et son plateau, en ancienne porcelaine de Saxe, à décor chinois.

Cadeau du prince Henri de Prusse à Buffon.

25. — **Très jolie Tasse** et sa soucoupe, en ancienne porcelaine de Saxe, décorée de médaillons représentant des ports de mer, de fleurs et d'insectes.

26 et 27. — **Deux belles Tasses** et leurs soucoupes, en ancienne porcelaine de Saxe, à décor de fleurs et bouquets sur fond blanc, et portant sur les bords un cordon fond violet liseré d'or.

28. — **Petite Tasse présentoir** et sa soucoupe, de même porcelaine et de même décor que les précédentes.

29. — **Tasse** à déjeuner et sa soucoupe, en porcelaine de Saxe, décorée d'arbustes et d'oiseaux. Les bords sont ornés d'un double filet or.

30. — **Quatre petites Salières** doubles, en ancienne porcelaine de Saxe, décorées à l'extérieur comme à l'intérieur d'oiseaux et d'insectes.

31. — **Deux Salières** en émail de Saxe, fond vert, à décor de paysages et d'animaux.

32. — **Un Sabot Pompadour** avec fleurettes et nœud. Vieux Saxe.

33. — **Pot à eau** en ancienne porcelaine de Sèvres, avec monture et pied en bronze.

34. — **Plat creux** en porcelaine de Sèvres, décoré de fleurs.

35. — **Joli petit Plateau** ovale, à bouquets et filets or, en porcelaine de Sèvres.

36. — **Petit Pot à lait** en porcelaine de Saxe, décoré de bouquets, de fleurs et de fleurettes.

37, 38. — **Trois petites Soucoupes** et une **Tasse** en porcelaine ancienne de Saxe, à décors variés.

39. — **Pot à lait** en ancienne porcelaine de Berlin, à décor de fleurs sur fond blanc. Le couvercle est surmonté d'une fleur en relief.

40. — **Plateau** à bords dorés, en porcelaine d'Allemagne, décoré au centre de fleurs et fleurettes.

41. — **Deux Vases ovoïdes** en blanc d'Allemagne. Les anses figurent des enfants audessous desquels passe une guirlande de fleurs en relief.

42. — **Petit Sucrier** en ancienne porcelaine de Paris, pâte dure, décoré de cordons de fleurs et cordons dorés s'entrelaçant.

43. — **Compotier** à couvercle et son plateau, en ancienne porcelaine de Clignancourt, décorés de bouquets de fleurs.

44 à 49. — Sous ce numéro les Porcelaines non cataloguées.

Faïences
de Rouen, Nevers, Delft et autres.

50. — **Grande Figurine,** *l'Agneau Pascal,* en faïence de Nevers.

51. — **Groupe :** *Vierge et Enfant*, en faïence de Nevers, décor polychrome.

52. — **Vierge** plus petite, de même faïence.

53. — **Lions** assis, en faïence de Nevers, décor bleu.

54. — **Cache-Pots** ou **Jardinières,** en ancienne faïence de Rouen, décor polychrome.

55. — **Grand Plat** creux en faïence de Delft, en couleur.

56. — **Petit Plat** creux en faïence de Delft, décor polychrome.

57. — **Cornet** en faïence de Delft, fond blanc, décor en couleur.

58 et 59. — **Deux Compotiers** à couvercles et leurs plateaux, en faïence de Lunéville.

60, 61. — **Potiches** à couvercle, en faïence de Delft, décor bleu.

62. — **Coquetier** et sa soucoupe, en ancienne faïence de Marseille.

63. — **Huilier** en ancienne faïence de Rouen, décor bleu.

64. — **Autre Huilier** en faïence française, et ses burettes en verre taillé.

65. — **Encrier bougeoir** en faïence de Delft, à décor polychrome.

66. — **Jardinière** en faïence de Nevers, décor bleu.

67 à 72. — Sous ces numéros les faïences non cataloguées.

Porcelaines de Chine et du Japon.

73. — **Deux grandes et belles Potiches** à couvercles, en ancienne porcelaine du Japon, décorées d'arbustes, de fleurs et d'oiseaux, en rouge, bleu et or.

74. — **Deux grands et beaux Flacons** de forme carrée et à couvercle, en ancienne porcelaine du Japon, à décor de fleurs et d'insectes en bleu, rouge et or.

Les couvercles sont surmontés de chimères.

75. — **Grand et beau Plat octogone** en ancienne porcelaine du Japon, portant au centre un décor d'arbustes et de fleurs, et au marli des médaillons d'animaux, d'oiseaux et de fleurs, en bleu, rouge et or.

76. — **Plat octogone** plus petit que le précédent, même décor.

77. — **Joli Plat rond** en ancienne porcelaine du Japon, décoré au centre de branchages et de fleurs, et au marli de médaillons de fleurs, en bleu, jaune, rouge et or.

78. — **Plat rond** en porcelaine du Japon, décoré de fleurs, feuillages et ornements, en bleu, rouge et or.

79. — **Plat rond** en porcelaine du Japon, à décor de fleurs et d'oiseaux, en bleu, rouge et or.

80. — **Grand Plat rond** en ancienne porcelaine de la Chine, décoré en émaux de la famille rose.

81. — **Plat** plus petit, en ancienne porcelaine de la Chine, à décor de fleurs, émaux de la famille rose.

82. — **Plat creux** en porcelaine ancienne de la Chine, décoré au centre de fleurs et feuilles sur fond blanc, et au marli de médaillons de paysages, à réserves sur fond vert.

83 — **Grand Plat creux**, ancienne porcelaine de la Chine, même décor.

84. — **Plat** en porcelaine de l'Inde, orné de fleurs, en vert, rouge et or.

85. — **Plat creux** en ancienne porcelaine de la Chine, à décor de fleurs, attributs et inscriptions, en vert, rouge et or.

86. — **Grand Plat** en porcelaine du Japon.

87. — **Quatre Assiettes** en porcelaine ancienne de la Chine, décorées de vases de fleurs et attributs, émaux de la famille rose.

Ce numéro sera divisé.

88. — **Deux Assiettes** en ancienne porcelaine de la Chine, à décor d'arbustes, de fleurs, de feuillages et d'animaux en bleu et or.

89. — **Assiette** en ancienne porcelaine de la Chine, portant au centre un décor de personnages et animaux, et au marli des fleurs en émaux de la famille rose.

90. — **Très beau Sucrier** en ancienne porcelaine du Japon, décoré de feuilles, de fleurs et d'ornements en bleu, rouge et or.

91. — **Petite Bouteille** à goulot étroit, en ancienne porcelaine du Japon.

92. — **Trois Assiettes** creuses, en porcelaine de la Chine, décorées de fleurs, de feuillages et d'oiseaux, en vert, rouge et jaune.

93. — **Assiette** creuse, en porcelaine du Japon, à décor de fleurs, en rouge, bleu et or, sur fond blanc.

94. — **Deux grands Bols** en ancienne porcelaine du Japon, à décor de paysages, habitations et barques, en bleu, rouge et or.

95. — **Petite Théière** en ancienne porcelaine de la Chine, fond chocolat, décorée en émaux de la famille rose.

96. — **Jolie petite Théière** en ancienne porcelaine de la Chine, à décor de fleurs, d'oiseaux et d'insectes, émaux de la famille rose.

97. — Environ **cinquante Assiettes** en porcelaine de la Chine et du Japon, à décors variés.

Ce numéro sera divisé.

98. — **Petite Saucière** en porcelaine de l'Inde.

99. — **Six petites Tasses** et leurs soucoupes, en porcelaine de la Chine, à décors variés.

100. — **Deux petites Tasses** et leurs soucoupes, en porcelaine de la Chine, dite coquille d'œuf.

101. — **Plateau** ovale, en porcelaine de la Chine, décoré en émaux de la famille rose.

102. — **Cornets** en porcelaine de la Chine, fond blanc, à décor bleu.

103-104. — Sous ce numéro les porcelaines de Chine et du Japon non cataloguées.

Bijoux.

105. — Riche **Garniture de Boutons** en Strass.

Elle se compose de 25 gros boutons et 4 petits.

Provient d'un habit de cour de Buffon.

106. — **Montre** Louis XIV, or rouge, ornées d'un sujet avec parties émaillées.

107. — **Montre** Louis XV et sa châtelaine, décorée de fleurs et personnages en or émaillé. Emaux de couleur.

108. — **Montre** Louis XVI, décorée de fleurs et d'oiseaux peints sur émail. Les deux boitiers sont entourés de perles.

109. — **Ancienne Croix** bretonne, ornée de cailloux d'Alençon et boucles d'oreilles. Argent découpé et ciselé.

110. — **Deux Couteaux**, un avec lame en or, l'autre, étui en galuchat, lame en acier. Les manches sont en matière granitée, garnis en or ciselé.

111. — **Très joli Couteau** lame en or, manche en nacre, incrusté d'or.

112. — **Petit Couteau** à relever la poudre, lame en argent.

113. — **Service de Vaisselle** plate, provenant de Buffon, composé de trois plats longs, cinq plats ronds, quatre petits plats, deux légumiers. Décors en argent ciselé.

Biscuits, Objets divers.

—

114. — **Très jolie Mandoline** Louis XV, de travail français, incrustée d'ivoire et d'ébène.
On lit à l'intérieur :
Jean Frère, rue Saint-Martin, à Paris. AU PRESSOIR D'OR, 1667.

210.—

115. — **Deux jolis Bas-Reliefs** en ivoire du XVIIIe siècle, *Bacchus et Pomone,* par Dujardin.

116. — **Deux Figurines** en biscuit : *la Petite Bergère* et *l'Enfant à l'Oiseau.*

117. — **Deux Figurines** en biscuit : *le Petit Jardinier* et *la Petite Jardinière.*

118. — **Deux Groupes** en biscuit : *Les Petits Musiciens, Jeannot et Jeannette.*

119-120. — **Quatre petites Figurines** en biscuit : *Berger, Bergère, Enfant à la Rose, Vierge et Enfant.*

121. — **Grand Verre** à pied, orné de différents sujets gravés. Sur le bord extérieur se trouve cette inscription en allemand : *Het Welvaeren van de Rollemacher.*

122. — **Vase** à pied et à couvercle, décoré de médaillons, d'oiseaux et d'ornements gravés.

123. — **Flacon** à odeur en cristal taillé, fermé par un bouchon en or ciselé; au centre du flacon et aux deux faces, deux petites miniatures représentant : l'une un jeune garçon jouant de la flûte, l'autre une jeune fille pinçant de la guitare. Etui en galuchat.

124. — Un **petit Flacon** en cristal, avec rubis cabochon, monture en or.

125. — **Deux petites Cuillères** en métal ; les manches sont surmontés de deux figurines, *les Apôtres*. Travail allemand.

126. — **Etui** en bronze.

127. — **Pelle et Pincettes** Renaissance, en fer forgé et découpé.

128. — **Soufflet** Louis XV, avec peintures et ornements dorés.

129. — **Ecran** Louis XV, en étoffe de soie, décoré d'oiseaux de diverses couleurs.

130. — **Petite Lanterne** italienne en cuivre repoussé, portant sur ses trois faces des lentilles en verres de couleur.

131. — **Parapluie** chinois.

132. — Sous ce numéro les objets non catalogués.

Meubles, Bronzes et Marbres.

133. — **Grande et magnifique Bibliothèque** de Boule, fermant à deux portes vitrées. Elle est ornée de bronzes très finement

ciselés et dorés, à mascarons et ornements. Epoque Louis XIV.

Hauteur 1 m. 63 c., largeur 1 m. 62 c.

Don de l'impératrice Catherine II à Buffon.

134. — **Belle Commode Louis XIV**, en bois marqueté. Elle est garnie de coins, de poignées, d'entrées de serrures et de chutes en bronze doré.

135. — **Jolie Commode Louis XVI**, en marqueterie de bois, avec coins, poignées, entrées de serrure et applications de cuivre finement ciselés.

136. — **Petit Cabinet italien** en certosine. De chaque côté du meuble sont sculptés deux médaillons, avec têtes d'empereur romain et de guerrier. Ce meuble repose sur une table à pieds contournés.

137. — **Petit Bahut breton**, *Saint Corentin et son poisson*.

138. — **Table Louis XIII** en chêne sculpté et pieds tors.

139. — **Guéridon** supporté par un pied en bois sculpté. La plaque du meuble est composée au centre d'une mosaïque de Florence, entourée d'échantillons de marbres antiques, provenant de brèches perdues.

140-141. — **Deux Mappemondes de grandes dimensions**, sur leurs pieds ; l'une terrestre avec boussole, l'autre céleste.

Elles proviennent du cabinet de travail de Buffon.

142. — **Paravent chinois** à quatre feuilles, peinture sur papier de riz.

Entourait le fauteuil de Buffon dans son cabinet de travail à Montbard.

143 à 145. — **Trois Fauteuils Louis XVI**, en bois d'acajou, couverts en velours frappé. Chaque fauteuil est décoré sur le dossier d'un panneau finement peint, représentant des volatiles.

146. — **Grande Glace** avec cadre à compartiments de glace, et double encadrement en bois sculpté et doré, à ornements et fleurs. Epoque Louis XV.

147. — **Autre jolie Glace** à coquille, avec encadrement de feuillage découpé.

Style Louis XV.

148. — **Très belle Console** Louis XV, en bois sculpté et doré. Dessus de marbre.

149-150. — **Deux Consoles** plus petites, dites consoles d'angles, en bois sculpté et doré, dessus en marbre blanc.

151. — **Très belle Statuette** en bronze, représentant Louis XIV assis, en costume d'empereur romain ; il tient dans la main droite un sceptre fleurdelysé, la main gauche est appuyée sur un bouclier au centre duquel est représenté le soleil, soutenu par deux cornes d'abondance. Epoque Louis XIV.

152. — **Deux Flambeaux** Louis XIV, en bronze doré.

153. — **Deux Rafraichissoirs** Louis XV à anses ciselées.

154. — **Petit Flambeau** Moyen-Age en fer forgé.

155. — **Deux Appliques** à deux lumières en bronze doré. Epoque Louis XVI.

156. — **Vierge**, bas-relief en cuivre repoussé.

157. — **Joli petit Lustre** Louis XV, composé de branchages en bronze doré, et garni de fleurs en vieux Saxe.

158. — **Lanterne d'escalier** Louis XVI, avec chapeau, monture en cuivre doré. Elle est ornée d'étoiles et de pendeloques en cristal.

159. — **Coupe en céladon** craquelé, monture en bronze.

160. — **Tessère** antique, avec anses.

161. — **Pendule Louis XIII**, ornée d'incrustations d'écaille sur étain, cadran niellé, ornements en bronze doré.

162. — **Vase** en forme d'aiguière, en albâtre, décoré de têtes et d'ornements Renaissance.

163. — **Grande Urne** en Spath fluor.

164. — **Deux Urnes** en marbre onyx.

Proviennent du cabinet de travail de Buffon.

165. — **Deux Urnes** en marbre blanc fleuri, sur socles. Style Louis XVI.

166. — Sous ce numéro seront vendus les objets non compris dans le Catalogue.

Tapisseries et Etoffes.

---

167. — **Grande Tapisserie** flamande, à personnages bibliques, bordure de fleurs et de fruits. Epoque de la Renaissance.

168. — **Tapisserie**, même sujet et même bordure que la précédente.

169. — **Grande Tapisserie** des Flandres, sujet tiré de l'histoire ancienne. Bordure à ornements et feuillages.

170. — **Grande Tapisserie** flamande, à sujet mythologique. Bordure à ornements, fleurs et feuillages.

171. — **Veste** en drap d'or, avec bouquet de soie en relief, ayant appartenu à Buffon.

172 à 181. — Sous ces numéros seront vendus des costumes et coupons d'étoffes, soie et autres, des XVIIe et XVIIIe siècles.

La vente a produit

f 60,000.—

www.ingramcontent.com/pod-product-compliance
Ingram Content Group UK Ltd.
Pitfield, Milton Keynes, MK11 3LW, UK
UKHW020528180726
13839UKWH00005B/2388

9 782329 500539